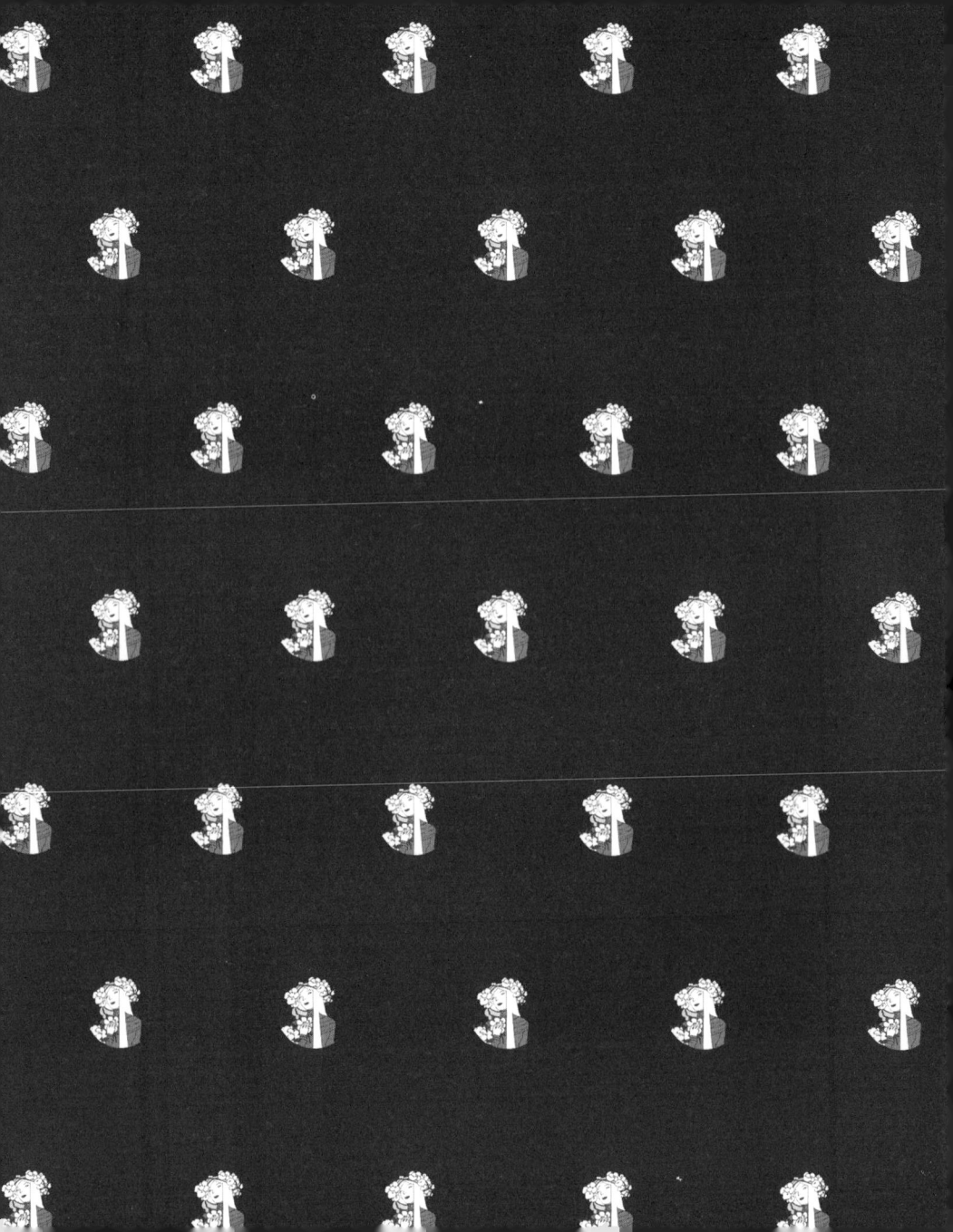

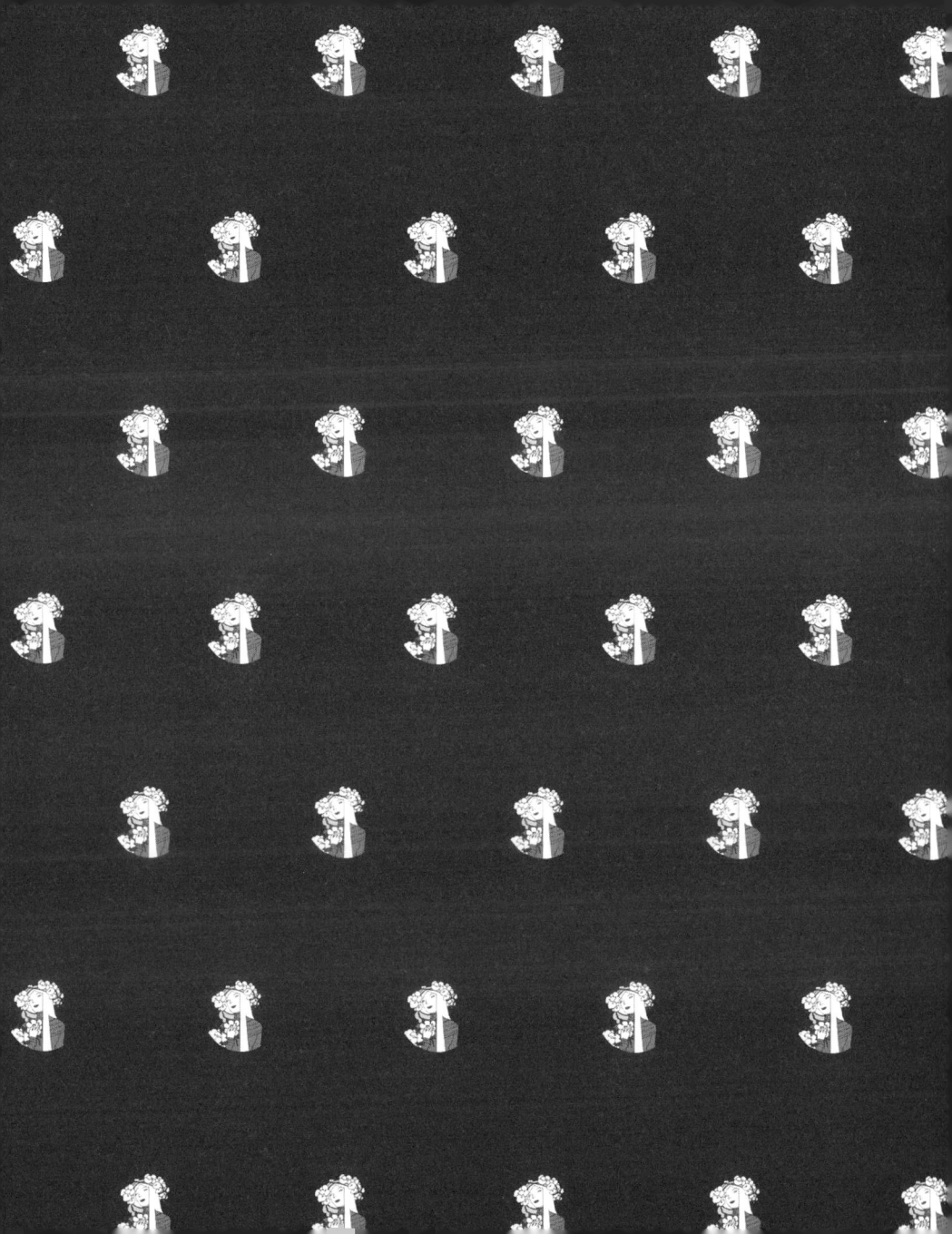

# LOS VERSOS DE CORDELIA

# 89
# LOS VERSOS DE CORDELIA

III Premio Nacional de Poesía Ciudad de Lucena
Lara Cantizani

Un jurado presidido por Luis Alberto de Cuenca
y Prado, e integrado por Antonio Cruz Casado,
M.ª Teresa Ferrer García y Jacob Lorenzo Sánchez
como Comisario del Premio y representante del
prejurado, en presencia del concejal de Cultura
del Ayuntamiento de Lucena, Francisco Jesús
Barbancho Espada, y con Julio Flores Hidalgo como
secretario, otorgó por unanimidad al libro *En fuga*,
de Jesús Urceloy, el III Premio Nacional
de Poesía Ciudad de Lucena
Lara Cantizani.

# En Fuga

Primera edición en LOS VERSOS DE CORDELIA, abril de 2024

Edita: Reino de Cordelia
www.reinodecordelia.es
✖ ▣ @reinodecordelia  f facebook.com/reinodecordelia
▶ www.youtube.com/c/ReinodeCordelia01

Derechos exclusivos de esta edición en lengua española
© Reino de Cordelia, S.L.
C/Agustín de Betancourt, 25 -6º pta. 13
28003 Madrid

El papel utilizado para la impresión de este libro, fabricado a partir de madera procedente de bosques y plantaciones sostenibles, es cien por cien libre de cloro y está calificado como papel reciclable

© Jesús Urceloy, 2024

Fotografía de cubierta e interiores: © Javier Alonso, 2024

**Ayuntamiento de Lucena**
▲▲▲▲▲▲▲▲▲ | CULTURA

Este Premio de Poesía ha sido convocado
y organizado por la Concejalía de Cultura
del Ayuntamiento de Lucena

IBIC: DCF | Thema: DCF
ISBN: 978-84-19124-86-9
Depósito legal: M-9720-2024

*Diseño y maquetación:* Jesús Egido
*Corrección de pruebas:* María Robledano

Imprime: Técnica Digital Press
Impreso en la Unión Europea
Printed in E. U.

# En Fuga

(20 fugas y un postludio)
(Chéjov a las cinco)
(Cantos)

## Jesús Urceloy

# Índice

# Nota del autor

Todas estas piezas son una aproximación en el lenguaje poético de las estructuras dinámicas de las fugas musicales. Partiendo de unos elementos y variando estos, bien por su contenido o por su técnica o ambas, se va construyendo un sistema de imágenes hasta un punto que nos hace volver a la idea original. Para ello me he valido de todas las figuras retóricas tanto de forma como de pensamiento necesarias. Incluyendo desde la preceptiva grecolatina hasta el verso en prosa, la prosa poética o la rima libre. Por ejemplo la fuga/12 está compuesta de catorce endecasílabos puros, lo que la podría convertir en un soneto «particular». El verso primero y el último son prácticamente idénticos, aunque se diferencian en un solo fonema y en la puntuación, haciendo por lo tanto la fuga completa pues ambos, pareciendo iguales, son distintos tanto en forma como en contenido. Los doce versos integrados en este paréntesis, contienen doce palabras de inicio en cada uno. Todas comienzan con la letra «d» sin repetir ninguna. También se establece una rima muy ligera en tres versos alternos no regulares. Todo el poema se desarrolla prácticamente con los fonemas que han aparecido en los tres primeros versos. Y por supuesto es un poema de amor con sus metáforas y su crítica social. Por aquello de que forma y contenido se complementen.

El postludio es un simple ejercicio producto de recoger en verso endecasílabo las palabras sustantivas primera y última (no repetidas) de cada una de las fugas. Los textos de «Chéjov a las cinco» también obedecen a la forma fugada, solo que jugando desde lo prosaico a lo poético, pasando por el *noir*, el minimalismo sucio, lo social, la irracionalidad y el surrealismo. Y los Cantos obedecen a la tradición sálmica, es decir poemas que hablan con la llama interior.

Quiero agradecer desde aquí a Javier Alonso sus deliciosas fotografías y a Jesús Egido, mi editor, su magnífica labor. También a Candela Rojas y a Esteban Massana, sin cuyo talento al bien decir, este mundo sería insufrible. Todos ellos son la sal de la tierra.

Jesús Urceloy
Madrid enero de 2024

Para Celia

# Veinte fugas y un postludio
## (2020)

# Fugas | 1

Cuando me invitaron a la muerte de Sócrates no pude asistir. Me hubiera gustado, por supuesto, pero yo entonces trabajaba en la corte de Harum al-Rashid como portaalfanje, que es profesión de mucho tacto y mimo. Un tiempo después conocí a Buster Keaton en la triste Residencia de Estudiantes, un lugar que solo acoge filfas y barraganas aunque su reputación trasciende a los Urales. Venecia en aquel tiempo estaba de capa caída y Johnny Weissmüller era más bajito y más fuerte. La tradición no indica en qué momento dejó de hacer frío ni por qué traducimos a Homero. Me hubiera gustado mucho haberle preguntado a Sócrates por el reino de los idiotas, por la fulgurante necesidad de llorar en Gaza. Reduzco mi simpatía por los innecesarios y abrazo las balas que hicieron caer a Rosa de Luxemburgo. Nadie te necesita corazón, nadie lo sabe. Porque amo el contraste y la herida.

# Fugas | 2

LA NUBE. La nube. La nube. Todos pensando en la nube. Y mientras tanto, ¿quién ha encerrado a los cerdos, quién ha vuelto a abrir la espita del gas, quién te ha dicho que te ama? Hay una redundancia en la generosidad del asno. Los ejércitos de druidas beben agua con gas. Hay mujeres descalzas en el metro. Tengo tanto miedo. Tanta necesidad, nostalgia. Alegría. Contemplativamente las algas se pudren en la orilla y sube el olor dulce con que todos abastecemos la luz de los estadios. Respirad, amigos. Mirad cómo llega la tormenta y el fuego redentor. No vas a salvarte, amor mío, ni ha de quedarte el consuelo de un abrazo final. Sin embargo no desesperes, amor amor amor siempre amor: estaré allí, bajo la nube.

# Fugas | 3

Por el riguroso esfuerzo de la cordialidad. Por la dulzura enmarcada en los libros que sostienen en su ataúd los muertos. Por los hechos singulares que convocaron en mi vida la lavándula y la sombra. Por la sinceridad del Cáucaso cuando Aristófanes inventó la risa. Por esa manía tan tuya de dormir cubierta. Por el encanto de las aguas de azufre que despiertan en el jabón de la infancia. Por una tarde de enero donde el gozo se hizo figura. Por la concatenación de los versos transitivos y por las negras notas del piano. Por el redundante julio que ya nunca será fugaz. Por aquellos que en la noche avisada no podrán presumir de la ingenuidad de los sueños. Por Rosario Castellanos que preguntaba por los modos nuevos de la feminidad. Por las agudas ramas del árbol de Endimión donde agonizan eternamente en su empalamiento todos los poetas. Y por las puertas sucesivas. Y por las dulces canciones de los amigos que abrazados caminan con decisión hacia la muerte.

# Fugas | 4

Así QUIZÁ entregado y no sediento
por la culpa del beso sostenido
y en la curva romántica del viento
que ciñe la amistad he convenido
que amar solo es amar y que el aliento
toda palabra advierte en su sonido.
Hablemos pues que el labio en tanta boca
si no besa es que hablando se equivoca.

# Fugas | 5

LA PRIMERA vez que Richard Dreyfuss culmina el Aconcagua, consulta su reloj, toma carrerilla y salta al vacío. Esto sucede en el año 3453 antes de Tucídides, mientras Santa Teresa de Jesús pelea en una calle de Honduras con un vendedor de coches usados, siempre usados. El vendedor tiene un nombre muy difícil de pronunciar según atestiguan Tisbe, Penélope y Urganda. Sin embargo en lengua romaní está claro que los almanaques se confunden. Tu padre no es mi padre, ya nos gustaría. La segunda vez que Richard Dreyfuss culmina el Aconcagua soñé que no venías esta noche, y mientras recogíamos las cosas que juntos encontramos en la calle, nos removió la carne aquel agosto y un segundo después bailé contigo. Dime que no o atrévete sincera. Hay que ver las cosas que nos pasan cuando los versos salen decasílabos. La tercera y última vez de las 666 que Richard Dreyfuss culmina el Aconcagua *insert coin* bloqueo *slash* y tengan cuidado para no introducir el pie entre el coche y el andén andén han ven pen ten en sen me en eeeee. Que no hace falta carrerilla, que es solo un paso.

# Fugas | 6

LOS HUESOS encontrados eran hombres
nadie mayor había mujeres ropas
diversas pantalones una falda
allí hay señales contra la pared
muchos de los abrazos encontrados
eran adultos nada que las ropas
en la pared señalen a los hombres
todos los encontrados eran nombres
eran besos las ropas la pared
no esos que han encontrado
eso es

# Fugas | 7

Para Javier Alonso

SOY DE LA RAZA de los leones y los osos / pertenezco a la estirpe de los lamelibranquios / y he recibido lecciones de Arquímedes el gran pionero de la termodinámica y de la necesidad / en mis manos he alcanzado la turbulencia del cíclope y soy capaz de renunciar más de tres veces a mi mejor amigo / cuando camino descalzo entre púas y cacas de perro canto dulces canciones de Charles Aznavour / en las mesetas centrales de los países agónicos vulgo Groenlandia Singapur Tegucigalpa o Marrakech gusto de enamorarme de todas las mujeres de anchos tobillos y mirada celeste / en el campo de la circunvalación allí donde pastorean alacranes y sapos he entendido simultáneamente la venganza de Eddy Merckx cuando abandonó a todos sus seguidores y se dirigió en solitario a un monasterio del Nepal en Lasha / por supuesto que no le dieron cobijo ni un plato de sopa / para qué / qué

íbamos a perder con ello / yo se lo dije a la vuelta / Eddy Eddy
Eddy amigo mío vuelve a subir o arrástrate a Dinamarca / zambúllete
amado en las aguas de un volcán en vías de extinción / di tres
por tres son nueve / no me hizo caso / los héroes nunca hacen
caso / son de la estirpe de los gusanos los cuentadientes los car-
niceros.

# Fugas | 8

ESTÁBAMOS AHÍ matando a Lorca cuando llegó un señor de Socué-llamos y nos dijo que teníamos que atravesar a nado el mar de Bering. Así, sin más, tal como acontece en las dulces palabras de los alcaravanes. Tal como sucede cuando el amanecer se torna crítico y no quedan más que unas pequeñas virutas de terciopelo en el fondo de los viejos cines de barrio. Sabemos contar las piedras de dos en dos, conocemos el arte del abstracto y sin embargo no somos capaces de vender un poco de azúcar en las perfumerías. Cuando Rosalinda Pridtcher atravesó con su avioneta el Mar de Australia encontró tres cigüeñas perdidas. A la primera la bautizó Constelación, a la segunda Flor de Naranjo, a la tercera no le supo dar un nombre. Por eso hay poetas enterrados en las cunetas. Por eso hay cacatúas que no han sabido componer el orden del mediodía. Por eso nosotros salimos corriendo a nadar olvidando en cualquier sitio el cadáver tumefacto de Lorca.

# Fugas | 9

TE DOY mi corazón: lo necesitas.
La luz se cuela —los espejos saben—
por el verdor ambiguo del tejado.
Y caminas del trompo al ejercicio.
Y una salina rompe a andar de nuevo.
Ay, necesito amarte cada día,
mujer de hechuras largas y de huertos.
Y de dulce silbido y perros altos.
Necesito tu voz de risa grave,
tu consonancia interna para el flujo
donde ser un instante me unifique,
me contente cartílago y astucia:
me haga temblar entero cuando vienes.
Te doy mi corazón con sed de algas.
Pasajero de ayer, soy tus dominios.

# Fugas | 10

H<small>AY UNA HECATOMBE</small> silenciosa, un deslumbramiento. Los Papas se arrodillan tres veces ante el altar, pues el 3 como el 14 son los números que equilibran la sombra de los candelabros judíos. Cuando Henry Marcus le ofreció a la periodista Macedonia Rita la exclusiva del suicidio ella se decidió por la página en blanco. La poesía, se sabe, es un acto de suma inteligencia. Cuando en la frialdad de la mazmorra los auspicios te negaron, ¿quién te propuso un amor de puntillas? Y cuando fui sostenido con los brazos en cruz y llevado al lecho del faquir, ¿cuántas entre vosotras, hijas de Absalón, jurasteis devoción a la rosa? En todo epílogo hay una caída hacia la luz.

# Fugas | II

Conozco a grandes poetas españolas. Conozco a grandes poetas españoles. Sin embargo no sé de por ahí. Las estrellas sin duda se equivocan y en la circunvalación del átomo no quedan ya valientes. No sé quién es Pizarnik ni Bishop ni Szymborgska. No sé quién es Patten ni Dylan ni Kavafis. La flor de los enebros cae en la misma cesta de las artes heredadas. Longfellow no me dice. Dickinson no me suena. Su voz. Su voz. Sus voces. Habladme de los días en que nadie era un sueño. Virgilio Horacio Safo deben ser una farsa. Tic tac tic tac tic tac dame tu pluma. Borges, Mistral, un bufo. A quién le importa un baño. Qué villegas Francisco, qué cruz la de esa Inés.

# Fugas | 12

ENTONCES voy dictando de memoria:
dictando de memoria adicto voy
de memoria me voy y voy y dicto
directo al memorial recto sin merma
di mi moral convicta y dicta el mal
dominado del dolmen la mentira
doliente o mala norma con amarte
delito al acto o solo amar el molde
dotada al día eterno entretenida
dada al amor del amo y de la doma
dolido del amianto o del amén
dama demonio lame el alma amada
donde todo el dolor es todavía.
Entonces voy dictando. (Di, memoria).

# Fugas | 13

Para Candela Rojas

Hᴀᴄᴇ ᴜɴ ᴍɪʟʟóɴ de años alguien pinta en su cueva un animal. Alguien detrás de ti se acerca con un ramo de eucaliptos. A veinte mil pies de profundidad el comandante Picard encuentra el cuerpo inerte de Minerva Adkinson y no entiende nada. No entiendo nada, no entiendo nada. Alguien detrás de ti te apunta con un revólver.

> Mañanitas floridas
> del frío diciembre
> se ha dormido el cuidado
> sobre la nieve.

¡Corazón, corazón, la tarde se nos está helando! Cuatro veces estornudan los inocentes del subsuelo antes de decidirse a la ignorancia. Quizá no me comprendas cuando afirmo que este poema no necesita de tu pensamiento y sin embargo sin tu voz carece de utilidad alguna. Alguien detrás de ti te amenaza con un abrazo. ¡Ay, de los que se entierran en vida!

Donde las frías aguas
caen en remanso
tu cuerpo de ágil bruma
va caminando.

Dentro de un siglo, si hay suerte, pintaremos en cuclillas extraños signos con el dedo en la pared.

# Fugas | 14

Vas voy vamos tan deprisa

que no vimos al hombre de los periódicos al que gemía apoyado
en la pared al que estaba de rodillas junto al muro de los fusilados

a la mujer vestida de cadmio y humedales que aceptara el cargo
de directora para la libertad de la guía científica de los cambios

al pobre muchacho que gritaba tengo hambre tengo hambre tengo
hambre y necesidad de ti amor mío cuerpo presente delicia

al maestro de ceremonias de los domingos pares y las horas trece

a la genial prostituta que el presidente corolario de la nación
surte de mirtos y alguaciles

a todas las mujeres

a las mujeres del mundo que por fin se han atrevido a salir a la
calle a apedrear todas las zapaterías

a esa muchedumbre de poetas

a esa muchedumbre de poetas ingrávidos que han imposibilitado
el buen orden de la palabra cadencia

a esos novelistas impacientes que no conocen todavía la palabra
aún la palabra ternura la palabra que sostiene al número cinco

el número cinco de la ley y de los monarcas que mueren bajo la
grandeza de sus pelucas

el número cinco bisiesto que da nombre a las colas de los parados
y a los cadáveres abiertos en canal de quienes siguen sin entender
nada

al hotel con dos estrellas de David donde los niños pobres del
secarral juegan al agua con las niñas pobres de las lavanderías

íbamos muy deprisa

y vamos

y vas

y voy

atropellando ciénagas y personas

aunque los animales libres no conciban otra claridad que la sangre

la sangre

la sangre

entregada

de

los

suyos

en

la

lentitud

del

día.

# Fugas | 15

VIVIR SIN TI me rompe. Una semana
sin luz es no mirar tu pie desnudo
poro a poro y subir talón en alto
sediento de acueductos y rodillas.

Habitarte sabroso en la llanura
inquilina y hallarte en paralelo
bajo un hombro bursátil, una sombra
que en tus manos desdice tu piel tierna.

Sube a tu labio, tu nariz, tus ojos
mi lengua decidida, marinada
y alumna de tu boca. Tu cabello

desvestido de peines se libera
al agotado amanecer. Tu espalda
reconstruye la luz, sostiene al día.

# Fugas | 16

Hay poetas muy buenos… Van contigo
al mercado y te ayudan con la compra,
te la llevan a casa y no se quejan
si vives en un cuarto o en un décimo
piso sin ascensor. Los reconoces
cruzando los semáforos a un grupo
de ochenta jubilados o cediendo
la mitad de su sueldo a una ONG,
por ejemplo: «Románticos anónimos»,
«Dobladores de cine por el mundo»
o «Anilladores de gaviotas»… Tienen
los ojos en la lágrima, las líneas
de las palmas humildes, y se calzan
unas sandalias tan antiguas como

las calles del Edén. Cuando te mueres
se sientan junto a ti, toman tu mano
y recitan mirándote a los ojos
esa palabra que buscaste tanto
tiempo... Hay poetas buenos. Y también
muy buenos, como siempre. Así nos va.

# Fugas | 17

TE DIRÉ quién ha muerto esta noche mambrú / que viene descalza por el pasillo oscuro de los hospitales / descalza y desnuda aunque algunos lloran lloran lloran / que tiene en los bolsillos el aire desconsolado de algunos quebrantahuesos / y yo no la conozco / porque la vi pasar a la sombra de su cuerpo ceñido / y se aproxima a la última visión del bisonte / ya te lo digo yo mambrú / que no sabes de otra cosa que el hambre / mira en las escaleras / mira en el cuerpo de los bomberos / mira en esos muslos agrietados por la lujuria / canta canta canta canta canta canta canta / o golpea con el teclado negro la cabeza enigmática de los caracoles / o dile a tu madre que no llegas / dile a tu hija que basta ya / que ya es hora / que lo deje de una vez / a ver si nos vamos a reír mientras septiembre / y octubre llega y se frota en el almanaque / corazón corazón corazón corazón corazón / puto mambrú me has roto tantas veces

# Fugas | 18

Tengo frío / La noche ha llegado y tengo frío
Y en mis dedos abiertos se refleja la luz que ha de llegar mañana
Siento un ligero amor por las cosas distantes
Una playa en agosto / El atrio de una iglesia
Tus pasos amor mío cuando entraban en casa

Tengo frío mi amor / Hay una mano ajena en las estanterías
Hay una mano llena de inquietud que barre el suelo y las oraciones
La consecuencia de las mareas altas
La dulce ascensión que hace
Que los brazos quieran alcanzar el vórtice de tu sombra

Tengo frío y amor por las mañanas
Tengo mucho frío por las mañanas

# Fugas | 19

## (Soneto de amor en ebullición constante)

INOPINADAMENTE te emancipo,
te desvisto candente y te reclamo.
Sobre mi piel grabado el logotipo
de tu nombre te anuncia tramo a tramo.
Por tu espalda desnuda me constipo,
me licúo, me aceito y desparramo.
Solo por alcanzarte un anticipo
de tu piel me contento con un gramo.
Ya no soy nadie o solo un prototipo,
un motor confundido en su dinamo,
una noticia sin su teletipo,
un bosque enclenque convertido en ramo.
Mira con cuánto amor me deterioro
que me derrito y luego... me evaporo.

# Fugas | 20

A LOS 31 AÑOS de su muerte el gran compositor ruso Serguéi Serguéievich Prokófiev decide llamarse Denisse de Armant. Toda la gente que conoce lo ha hecho alguna vez. Giltegualda Bombín es el Mar de las Antillas o Rosalía de Castro un pulpo feroz que amenaza con devorar hombres y castillos. A menudo cuando paseamos en pelotita picada me gusta hacerte cosquillas en el pie. Exactamente en el derecho. Aún más exactamente entre el dedo meñique y el de al lado, que nunca he sabido cómo se llama, quizá Zenobia Camprubí. No lo sé, no lo sé, no me canses. / Denisse de Armant monta unas fiestas espectaculares y toda la gente del contorno trae merienda y palitos de jengibre. La naturaleza opaca de las cosas, la redundancia o la certidumbre, vete tú a saber, en llamarte Ernesto y esa configuración natural que tienen los esclavos ilotas para arrodillarse esperando algunos latigazos no concuerda bien con el salario mínimo interprofesional que ha sugerido Italo Calvino para el crecimiento, venga, arriba, arriba, arriba, de la República bananera de las Letras. Hoy es martes en Nikosia y la letra 'e' todavía no es posible. / Después de caminar junto a ti, mi amor, mi delicioso amor, mi amor desnudo, sé que las cosas tienden a la alegría. Después de caminar junto a ti a la orilla del río Níger sé que el barro ha tomado partido por los necesitados del mundo. Después de caminar contigo, de abrazarte por la cintura y llegar a tus labios con la palabra «nueve» sé que la libertad de todos es un diálogo interrumpido por un beso y que los niños lo mejor que pueden hacer es no salir en las películas, leches. Que por su culpa las tramas se extienden y terminamos todos meaditos. Bien meaditos. Lo decía mi abuela: ¡Cojona! / Un día, a los 31 años de morirse, Denisse de Armant decide llamarse Serguéi Serguéievich Prokófiev y claro, tiene que intervenir Dios, que es una señora muy gorda pero muy amable que sirve para estos menesteres. A los 31 años de tu muerte te pueden volver a gustar las mollejas frías, capitán, e incluso puedes ladrarle al ficus. Lo dice la RAE: guau, guau, mira que te pincho, hijo de puta.

# Postludio

MUERTE DE NADIE nube siempre amor
cordialidad de los amigos culpa
en tanta boca y a la vez un paso

los huesos la pared la raza de
carniceros el mar en el cadáver
corazón tus dominios hecatombe

la luz de los poetas esa cruz
memoria un animal el dedo al hombre
del día al pie la piel mercado y ojos

la noche el frío las mañanas

fugas

# Chéjov a las cinco

# (2023)

# I. Mala suerte

AQUÍ TENEMOS poco que hacer. El tipo muerto que yace hecho un guiñapo en la parte trasera del hotel ha nacido en Honduras. Su padre también y trabaja como estibador en las dársenas bajas de Henecán. Tiene un gemelo que conduce un camión de reparto. Poca cosa, lo que quieras, botellas para romper en el salón de la casa. Por las noches la madre les mete unas palizas del quince mientras el padre mira sin importarle un carajo. A él lo único que le interesa son los resultados de la hípica. Apuesta siempre al dos y al cuatro por orden de arribo. Y así, julandrón, no le sacas. Esa simpatía al diluvio que tienen algunas poblaciones del Caribe influye poderosamente en los caracteres más sumisos. Por eso y no por otra cosa el teniente Colombo se rasca la oreja derecha mientras mira aquel pelele, aquella cosa reventada junto a las cuerdas con la blancura de la ropa tendida. Tu familia quiere entrar cruzando el río Lobo pero la granizada y el barro les empapan. Os trincan en la frontera y pa casita. Pero tú no, tú llegas. Mala suerte. El guripa se rasca la oreja. La derecha, donde le aprieta la edad. Caso cerrado. Así revientes el casino, pelotudo, maricón.

# 2. Lo peor

No la herida. Lo peor, la casa. Muchas escaleras no hacen barato un alquiler. No cuando adulto. Tantos domingos festejando la ventana que no hay remedio mejor que liarse a tiros. Ella se cansa de León y Norma, la canosa, se larga. La adicción al miedo, barnizado de alcohol y disciplina, no es buena. Al menos en una relación que se supone estable. Muchos años los tres. Ellas recogen papeles, basura, trastos viejos, cartones. Él se los fuma. Norma en la acera llama a un taxi. Entonces ella saca del cajón el revólver y reparte los tiros. Uno rebota y mata al niño del patinete. Otro se hunde en el pequeño jardín, junto a las rosas. El tercero rompe un parabrisas. El cuarto destroza el bolso de Norma. El quinto sale hacia arriba y alcanza a un arcángel. El sexto se entierra en la tripa de León, que sale asustado de cagar del baño. Le da tiempo a verla meterse el cañón ardiendo en la boca. Se abrasa el paladar mientras cae hacia atrás por la ventana. Al otro lado hay un tipo haciendo fotos con su móvil. Norma no para de correr calle abajo hasta que un Chevrolet viejo, del 65, le pasa por encima en el cruce con Lamar Street, Arvada, Colorado.

# 3. Días de guardar

Para Esteban Massana

ME PONGO el mono azul de la posguerra y el casco de mi padre. El de la obra. Los calcetines gordos y las botas sucias. Arreo con el saco al hombro y me acerco medio silbando al portalón. Los vigilantes no me hacen ni puto caso. Tampoco esperaba otra cosa. Así que tiro hacia el fondo, donde el pino alto y las azaleas. Hay más tropa que otras veces y me parece bien, que en el negociado de la conciencia cada cual lleva sus miedos. Hasta aquí la cosa marcha con soltura. Lo difícil comienza desde ya. Subo al primer piso y nada. Respiro pausado dos veces, pongo cara de domingo y entro al salón. La suerte me saluda y los defensores han salido a fumar. Alguien podría preguntarse por mi procedencia, me digo. Pero nada. Hoy los borregos en el aprisco, con el madrugón. Avanzo sereno hasta la mesa. Pongo el saco ante la mirada turbia de la chica guapa y el memo sentado a su izquierda y muerdo el plástico con rapidez. Del agujero sale un rico olor a mierda. Y empiezo a repartir el estiércol. Va por ti papá, me digo mientras los vigilantes me bajan por las escaleras. Antes de entrar en el furgón me cruzo con dos interventores. Uno me sonríe. Otro me llama hijo de puta. Que haya suerte, les digo. Que haya suerte.

# 4. Un carácter de azul

ERA UN LABERINTO de calles arpegiadas a un cencerro. Como si un arquitecto celeste hubiera amansado las piedras y, a empujones de centauro, las hubiera administrado para detener el paso del horizonte. Era un acabarse continuo, como si al doblar cualquier esquina te fueras a encontrar afuera, en los aledaños de un arrabal. Olía a tierra seca y sobraban las fuentes. Un guiso de carne y patatas. sazonado entre el pimentón y el hinojo. Una suerte de vecindad sin ruido. Mira, por allí acaba de pasar la banda, el suelo empapelado de confeti, unos boletos, octavillas con el programa del pasacalles. Dulces sueños de gigante y todos por allá, por allá, por allá, ¿no escuchas el alboroto? Me dijo que estaba en la casa alta, no había pérdida, y era cierto en el indefinido. Estaba y acababa de irse. El humo de su tabaco y el cuero de sus botas. Salgo salía a las calles. Voy vendré aturdido. Todo en presente y futuro al mismo lugar. Duermo en cualquier casa, devoro los alimentos que acaban de dejar los pobladores. Cuando entro ellos salen por otra puerta. Un sentido a hierba pisada, a ladrillo recalentado al sol. Un paso amarillo de caballerías y un pelmazo que de madrugada no hace más que dar golpes en una pared.

# 5. Pensar junio

Exactamente veinte corazones y el crucigrama blanco sin hacer. Y veinte caras nuevas bajo la alfombrilla. Se despierta y no entiende la tarde. Carita de algodón qué te mueve. Para subir las escaleras no necesitas un ángulo recto. Dolor de junio. Coge su pelo entre las uñas y dale matraca Lorenzo. Tú lo sabes lo todo tú. Llevaba un ancho cinturón de cuero y los ojos blancos del que ha roto un reloj de niño. A pisotones. El vaso fragante con las cenizas de un cigarrillo rubio. Como quien en la planta desnuda de tu pie ha dibujado el símbolo del cadmio. Hay un escorpión bajo la piedra. Sí pisas fuerte se rompe. Si pisas fuerte suena una campana. Si no pisas es que no falta mucho para llegar a Londres. Qué gusto caminar entre las rosas. Qué delicia saber que tú has llegado. Haces de Juan no soy Juan no soy Juan no soy Juan y no se abraza por descuido. Cadmio. Las gafas de los hombres generosos calibran mejor el rostro enérgico de las farolas y tu casa corazón mío oh corazón mío es el miedo feliz a los aplausos. Para que yo te llame para que tengas en las manos el cuenco del agua. El cuenco de los serventesios. Tu cuello enamorada. Tres muchachos desnudos antes del acantilado. Que vierten sus lágrimas para construir las alas de un hombre de hidrógeno. Entonces pensé junio.

# Cantos
# (2023)

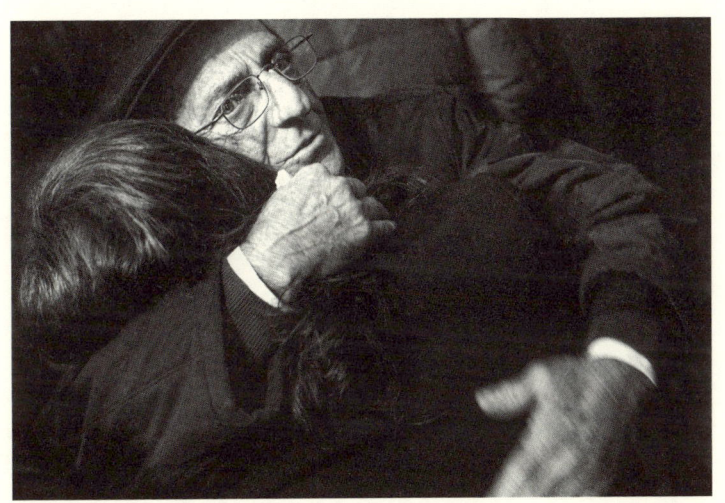

# Canto primero

Dᴉᴍᴇ que te has perdido
dime que te has perdido corazón

que las campanas no pronuncien tu nombre
que los naranjos en flor
vencidos por la sed acuática
de los pequeños dioses familiares
no acallaron
el rostro bueno de Cristo y los bisturíes

dime que te has perdido corazón
dime que te has perdido

conozcamos el tiempo de la gratitud
la oscuridad de los doctores

la mano temblorosa del padre McKenzie
el canto de la cigüeña en las noches
desde las altas y perennes grúas
y la dulce enfermera del vasito frío con zumo
que escucharon al dios de los ambulatorios
no espere usted milagros

mi amigo buscó una silla de ruedas
para sacarme de la cámara de los postoperados pobres
mi amigo empujó mi cuerpo por los pasillos
cruzamos eriales y camposantos
rótulas y miradas bajas
hasta que el celador dijo como el arcángel del Edén
de aquí no pueden salir con esa silla
era alto y fornido
y conocía bien su negociado
por allí hay taxis dijo
yo no puedo ayudarles
es la ley

sepamos pues
que la noticia no fue la muerte de Tony Bennett

que había dicho que los poetas usan muchas palabras
para decir cosas sencillas
ni fue el beso de Aura Ming
inaugurando el sueño de los héroes
en la temible Cúpula del Dolor
ni siquiera cuando escuchaste por primera vez
decir te quiero y era verdad

dime que te has perdido
que te has perdido

sin cartas náuticas
planos paraguas antiguas salas de concierto
aquel tren de plástico azul y negro y naranja y verde
bajo tu jersey
qué llevas ahí hijo mío
a quien has robado ese juguete
devuélvelo ahora mismo
no se debe robar a los pobres
dijo mi padre corazón
dijo mi padre

amén por los desnudos
por los humildes y los desterrados
amen por quienes lloran
tras los muros sabiendo que han vivido
amén con los que fingen
su necedad y su lujuria.

# Canto segundo

Para Josué Bonnin de Góngora

LA MUERTE es esa señora gorda que limpia habitaciones en los hospitales. La muerte calza unos zuecos verdes feísimos y cuando está sola se los quita, los deja en un rincón y baila descalza. Primero un danzón antiguo, donde ambos pies casi no se mueven. Lo que se mueve es el cuerpo con una agilidad imprecisa. Luego levanta un talón y arrastra la punta del pie como si el suelo fuese una pista, una página, una partichela manchada de agua jabonosa. Y así sigue alternando una pierna, un brazo que se eleva. A veces sobre la turbia realidad del cuerpo y otras contra la necesidad de sentirse virulenta.

La vida sin embargo es otra mujer muy flaca pero con las tetas muy grandes. Es la que lleva los baldes de agua y las fregonas. Cuando se sabe sola se desnuda de cintura para arriba, se inclina hacia adelante y deja que sus pechos se balanceen. Si estuviera la ventana abierta, si un ligero olor a manzana y cacahuetes fritos entrase entre las comisuras de la persiana, la vida se haría dichosa y tan limpia como el culito recién aseado de un bebé. Ella también danza con sus zuecos de plástico rosa y unos calcetines blancos, de esos que se compran en los mercadillos. Ella también danza y se pinza los pezones con los dedos mientras susurra algo en un idioma violento que no se parece nada al francés.

La muerte y la vida son compañeras en el mismo hospital y en el mismo trabajo pero nunca coinciden en la misma habitación. Ambas se olfatean y se admiran, ambas han roto el equilibrio de las camas de metal. Hay noches que la vida lee en el suelo los rastros jabonosos de los pies de la muerte. Hay mañanas que la muerte abre las ventanas para que entre el aroma dulzón y salado de la vida.

# Canto tercero

MI HORROR es vertical. Las escaleras
se detienen. Un fondo azul oscuro
que no aminora. Hieden las aceras
de tanta mierda joven. Si el futuro

viene que venga ya sin más esperas
con su consuelo blando y su pan duro:
la batalla es la sangre. En las afueras
los hombres se persignan ante el muro

y los rifles. Sacad vuestras banderas
hijos, putas, amigos del cianuro,
compañeros sin alma. Las trincheras
se afirman en un llanto prematuro.

Y un tufo rebuznando alcantarillas
que acusa al necio alegre en sus rodillas.

# Canto cuarto

Fue que salió por la carlinga gritando nos vamos nos vamos abajo no hay salvación y fue la tempestad.

La misma tempestad y el canto poderoso de los pueblos y el valor de la comandante que afirmó no haber solución que se iban a matar pero sin mareos. Y trazó una ruta sin combustible hacia las laderas mientras iban soltando tuercas lepra hundida quesitos de Amberes muérdago y pedazos de hierro.

Los pueblos que escucharon el alarido del metal blasfemando hablan con las tormentas y sortean las crecidas de los ríos con cañas insumergibles y algo de suerte. Los brazos y el homenaje a las nubes. Un canto que eleva las cosas y las sostiene. Un canto que puede repetirse una y otra vez. El viento lo aprende enseguida y lo va repitiendo por su gusto armónico.

De la noche llega el resplandor y del mismo resplandor el sonido y del sonido la carcasa azul de los insectos. Nadie sabe si una actriz en declive si un simple acerico si un acto de amor se pronuncian lo mismo en la lengua de las lavanderas del río Cuerpo de Hombre.

Ni tampoco mama la grande la de la palabra quieta la que sostiene el árbol la madre blanca que no el pájaro serpiente.

# Canto quinto

RESUMIDAS en las manos
mis lágrimas todas se fueron
hacia arriba en vez de abajo.

Silencio contra las nubes
para no darles trabajo:
que estos soliloquios míos
si bajan ya van llorados.

Y si caen por un descuido
échenle la culpa al labio
por desconocer la letra
que no aplica el calendario.

Si por amistad se quedan
entre mis ojos hablando,
que no se invite al pañuelo
a darles casa ni abrazo.

Conjuradas por las manos
mis lágrimas de mis ojos
se vierten hacia lo alto.

# Canto sexto

La TARDE entra aburrida diocesana monstruosa en la luz de la habitación como quien se sienta en un comedor público de entreguerras como quien ha alimentado a los peces de colorines y ha bruñido las trompas bajo el odeón

Tú has aparecido con la escudilla harta entre los dos arcos esquinados matarifes concisos del fondo de la plazuela y me saludas levantando mucho los brazos

Para el viernes ha venido el hombre que encuentra santitos bajo las piedras ese minúsculo San Cristóbal de oro que te regalaron cuando cumpliste por primera vez con Dios

Tu padre te recogía a la salida del colegio con su mejor traje de erudito y la bolsa de lona donde guardaba las herramientas y tú eras tristemente feliz de su mano redonda donde los ángeles habían dispuesto una habitación para la brevedad

Tomaste las tres cucharaditas de agua y de cinabrio y ácido concreto para la destilación de la fe la de los camposantos fenicios la última tierra donde pisar firme

Yo también sé calibrar la carga de los camiones de mudanzas sé construir pequeños bloques de madera donde arrastrar las suelas de los zapatos que acaban en punta sé no lo dudes mentir

Altos son los ríos donde nos hemos refrescado

Alto el beso de los amantes

Alta la casa de la humillación

Allí donde tú me esperas debes decirlo pues me he quedado ciego y solo sé caminar al sonido de la luz

# Canto séptimo

Para Julia

Voy POCO DE VISITA a casa de mis hijos,
sobre todo a los muertos, los que nacieron antes
de mí. Son bulliciosos, nobles y de buen trato
y siempre tienen ganas de aprender. Cambian poco
de domicilio y es muy fácil encontrarles
si mudan de paisaje, de territorio alegre.
Cuando acudo y me siento a su lado me miran
delicados, me dan el pan de su alacena.
Les digo que he dejado de comer y es verdad,
que ya bebo muy poco. Nada pude ofrecerles,
ni siquiera la vida y sin embargo me aman.
Me han regalado todo y heredarán mis sueños.

A los hijos que tuve en mi infancia no pude
educarlos. Son golfos, ladrones, marginales.
Cuando encuentran un hacha sin usar en el suelo
buscan cualquier cabeza. Cuando van a las playas
del norte, afirmativos en sus máscaras sucias,
aguardan con sus picas a los bañistas lentos.
Cuando entran en los bares amenazan al jefe
con el puño. Cuando aman besan solo una vez.
Me miran con desprecio cuando entro por su puerta.
Me tratan a patadas, me escupen sin ternura.
Me arrojan una silla, me dan a comer sopa,
me dicen a qué vienes lárgate padre nuestro.

Tuve algún hijo más después, hacia los veinte.
Los hice en las trincheras, en la primera fila
del feliz comunismo, en la delicia oscura
de una estación de metro. Son muy pocos, trabajan
en puestos elevados de la administración
y dirigen empresas petrolíferas. Hacen
surf sobre las arenas del desierto. En su casa
siempre tengo una *suite* y una esclava del sur.
Me despierta con zumo de grosella, con vinos,

con grandes cantidades de filetes al punto,
unas patatas fritas riquísimas, crujientes
y los gritos de alguien en otra habitación.
No les he visto nunca, a estas proles del alma.


(Entra por la ventana la lluvia en este instante.
Es un agua muy fría y perfumada, huele
a pena vieja, a grasa de automóvil. Te acuna
de noche. El sueño pobre de los que han fracasado).


Algún tiempo después tuve otro hijo. Era
el más dulce regalo y el más alto dolor.
No conozco aún su casa. No sé de su cobijo.
Cuando algún día muera aprovechad cuanto haya
de útil en mi cuerpo, salvo mi corazón:
Que lo entierre —decidle— en la lluvia y que deje
una rama de acacia sobre la tierra anónima.

Esta primera edición
en LOS VERSOS DE CORDELIA de
*EN FUGA*
se acabó de imprimir
en la primavera de 2024

## VERSIÓN SONORA
# En fuga

La versión sonora de *En fuga*, de Jesús Urceloy, fue grabada en los estudios Herzia el 27 de febrero de 2024, con arreglo al siguiente reparto:

Celia Esteban, Jesús Urceloy, Candela Rojas y Esteban Massana.

La grabación fue supervisada por Jesús Urceloy, coordinada por David Rodríguez y dirigida por Esteban Massana.

Para escuchar la lista de reproducción musical, hay que seguir estas sencillas instrucciones:

1. Seleccionar el icono de la cámara .
2. Apuntar la cámara hacia el código QR que aparece aquí abajo.

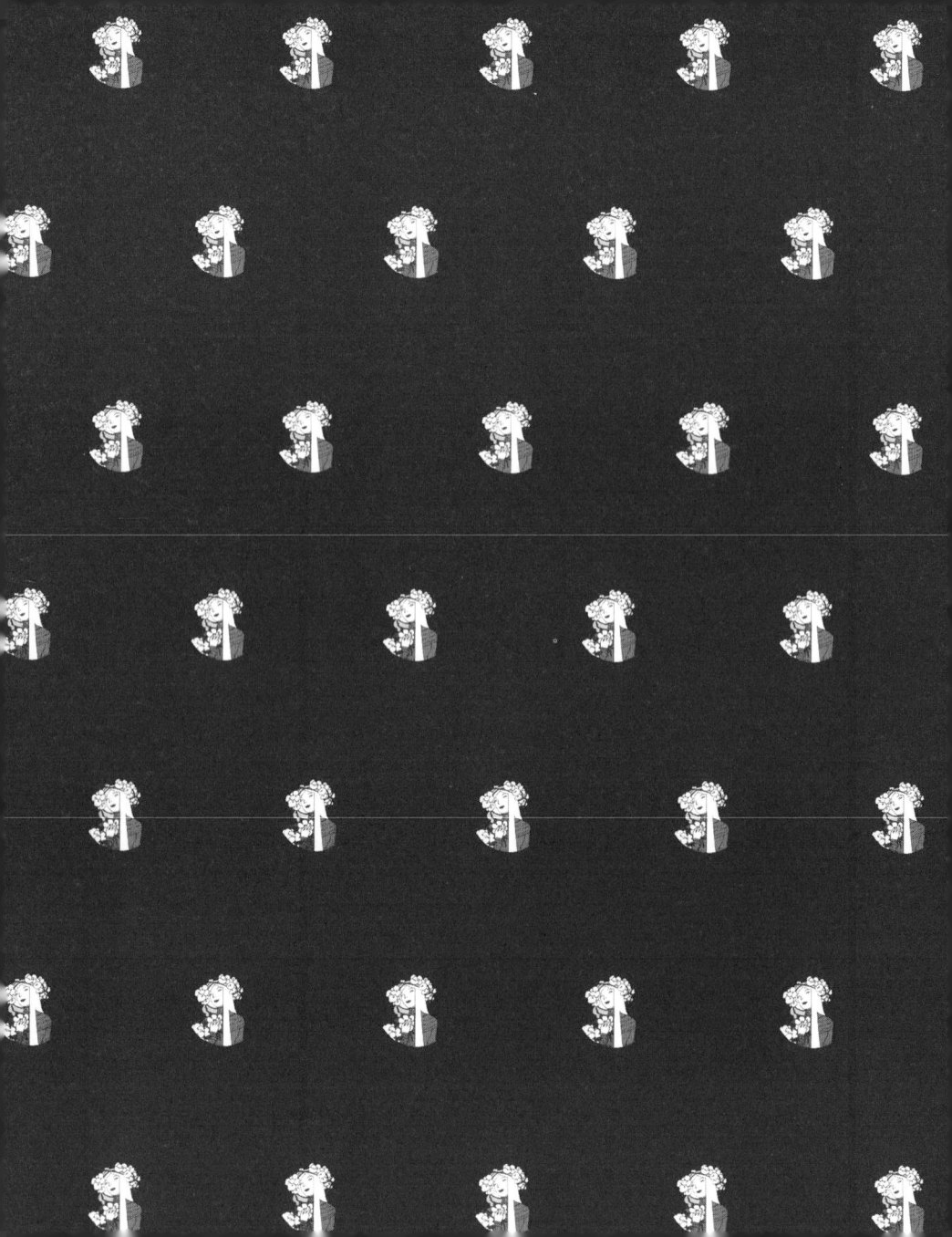

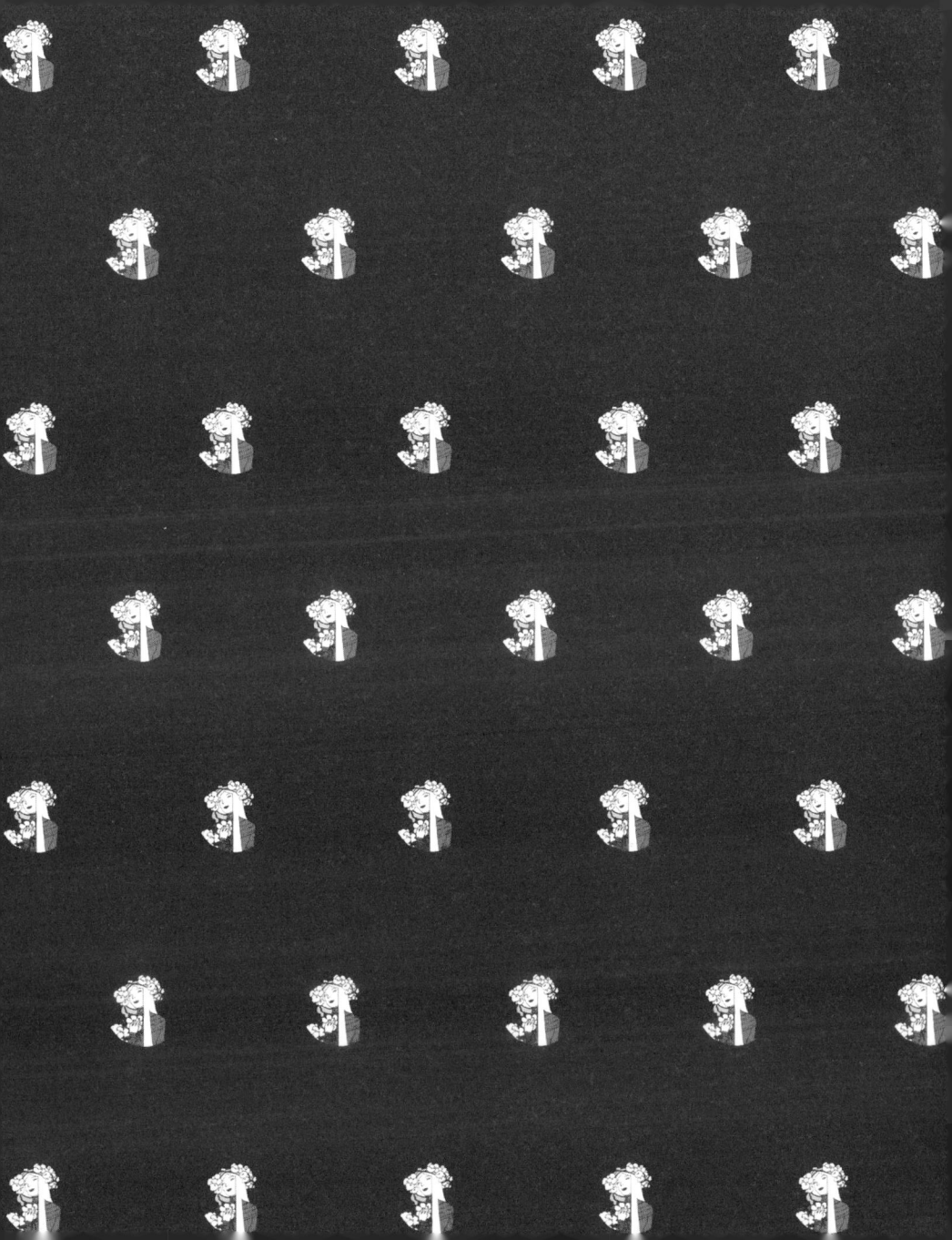